C D B !

BY WILLIAM STEIG

Windmill Books, Inc. / Simon & Schuster, Inc
New York, N.Y.

Copyright © 1968 by William Steig
All rights reserved
including the right of reproduction
in whole or in part in any form
Published by WINDMILL BOOKS, Inc. and Simon & Schuster, Inc.
Simon & Schuster Building
Rockefeller Center
1230 Avenue of the Americas
New York, New York 10020
WINDMILL BOOKS and colophon are trademarks of Windmill Books, Inc

Manufactured in the United States of America.

1 2 3 4 5 6 7 8 9 10

Library of Congress Cataloging in Publication Data

Steig, William, 1907-
  C D B!

(Windmill paperbacks)
  SUMMARY: Letters and words are used to create the
sounds of words and simple sentences 4 u 2 figure out
with the aid of illustrations.
  1. Word games—Juvenile literature. [1. Word games.
2. Games] I. Title.
[GV1507.W8S75 1980]   793.73   80-12376
ISBN 0-671-50761-3

C D B!

D B S A B-Z B.
O, S N-D !

I N-V U.

R U C-P ?

S, I M.

I M 2.

A P-N-E 4 U.

K-T S X-M-N-N D N-6.

D N S 5 X.

I M 2 O-L 4 U.

O U Q-T. U R A B-U-T

I M B-4 U.

R U O K ?

S, N-Q.

I M A U-M B-N.
U R N N-M-L.

D C-L S N D C.

D D-R S N D I-V.

D L-F-N 8 D A.

S E-Z 4 U. S?

B-4 U X-M-N L-C

X-M-N R-V

H-U !

Y R U Y-N-N ?

I N O.

I C U.

S N-E-1 N ?

L-X-&-R N I

R N D C-T.

K-T S D-Z.

I C Y.

I 8 U !

I 8 U 2 !

F U R B-Z,
I-L 1 O-A.

L-C S N X-T-C.

ESD14U2C.

I M N D L-F-8-R.

M N X S L-T 4 U !

I M C-N A G-P-C.

N-R-E S
N T-S.

I M N A T-P.

P-T N J R N J-L.

O 4 A 2-L.

E-R S A M-R.

S M-T !

I F-N N-E N-R-G.

P-T S N N-M-E.

I O U 5 X.

O, I C M. N Q.

D Y-N S X-L-N !

O-L H.

I O U A J.

I M N N-D-N.

O, I C.

U 8 L D X !